AF462170

REMARQUES
SUR UN
NOUVEAU SYSTÈME DE FORTIFICATION,
PROPOSÉ PAR
M. LE COMTE DE SAXE,
DANS SES MÉMOIRES SUR L'ART DE LA GUERRE.

A LA HAYE,
Chez PIERRE GOSSE JUNIOR,
Libraire de S. A. R.

M. DCC. LVII.

AVANT-PROPOS.

L'EMPRESSEMENT que le Public a témoigné à l'occasion des Réveries ou Mémoires sur l'Art de la guerre de M. le Comte de Saxe, est un sûr garant de la haute estime qu'il conserve pour l'illustre Auteur, & le soin qu'on a d'en multiplier les éditions n'est pas une preuve moins certaine de la bonté de l'Ouvrage. Plein de vuës & d'idées nouvelles il embrasse tout ce qui a rapport au mé-

métier de la guerre; on y remarque une étude profonde des Anciens & des Modernes appuyée sur l'expérience, & tandis que, par de sçavantes dispositions, M. le Maréchal enseigne l'art de vaincre qui oblige souvent à ne pas épargner la vie du Soldat, il a une attention particuliere à lui procurer tout ce qui peut servir à la conservation de sa santé, persuadé que de ce soin dépend principalement le succès de la campagne. De-là, toutes les discussions dans lesquelles il est entré touchant la meilleure façon d'habiller les Troupes, de les faire subsister, camper &c. qui renferment des nouveautés interessan-

tes,

tes, & ſont connoître juſqu'où alloit ſa prévoyance.

L'ART de fortifier les Places n'a pas été oublié dans cet Ouvrage. Comme M. le Maréchal a apporté dans l'examen de cette ſcience le même eſprit de critique que dans ſes autres recherches; on s'imagine aiſément que les imperfections, qui ſe rencontrent dans la conſtruction & la diſpoſition des Ouvrages, ne lui ont pas échappée, auſſi peut on dire que le Syſtême de la Fortification a pris une nouvelle face entre ſes mains. Il y a introduit des principes inconnus juſqu'ici, il en a ôté d'autres qu'on avoit regardés de tout tems comme fort essentiels à la défense. De la combinaison de ces nouvelles maximes il est résulte une méthode de fortifier très-differente de l'ordinaire, qui selon lui la surpasse beaucoup & au point même qu'il ne craint pas de dire : „ qu'u„ne telle forteresse dégouteroit furieu„sement de l'envie qu'on a pour les „ Siéges „. Ce témoignage doit être d'autant moins suspect que M. le Maréchal ne s'attribue point l'invention de ce Systême, quoiqu'il n'y ait pas lieu de douter qu'il n'ait beaucoup contribué à le perfectionner.

Des découvertes qui promettent des avantages ſi conſidérables méritent d'être miſes dans un plus grand jour que les bornes étroites des Mémoires n'ont pû le permettre, & c'eſt ce qu'on a deſſein de faire dans ces Remarques. On y expoſera les principes de ce nouveau Syſtême, on détaillera enſuite les différens effets qui en réſultent, on en comparera les avantages avec les inconvéniens, & s'il arrive quelquefois qu'on différe du ſentiment de M. le Maréchal, ce ne ſera que dans les cas, où l'on n'a pu s'empêcher de ſe rendre à l'expérience, juge irréfragable en cette matiere, & dont les décisions sont supérieures à toute autorité quelle qu'elle soit.

TABLE

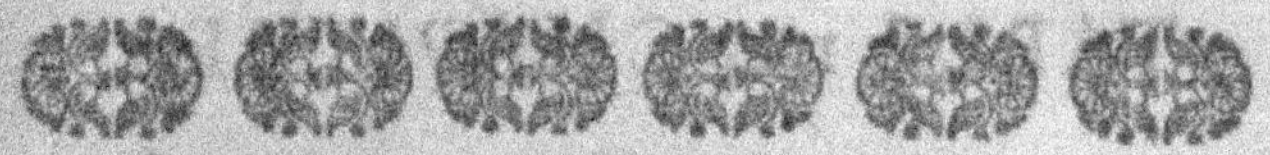

TABLE DES CHAPITRES.

CHA-

REMAR-

REMARQUES
&c.

CHAPITRE PREMIER.

DE LA CONSTRUCTION DE CE NOUVEAU SYSTEME.

QUELQUES progrès qu'ait faits l'Art de fortifier il s'en faut bien qu'il se soit perfectionné autant qu'il seroit à souhaiter, & que la grande réputation de Mrs. de Vauban & de Coehorn pourroit le faire croire. La facilité qu'a l'Assiégeant de ruiner de loin les défenses d'une Place & d'en démonter

CHAP. I. les batteries ; les difficultés que rencontre l'Assiégé de se mettre, dans ses Ouvrages, à couvert du feu de l'Ennemi, l'impossibilité dans laquelle il se trouve de soûtenir les Dehors lorsqu'ils sont séparés du Corps de la Place par des fossés d'eau ; tout cela sont des inconvéniens qui ne sont que trop ordinaires dans la Fortification moderne, & qui sont cause que les Places les mieux fortifiées ne peuvent faire qu'une résistance peu considérable, & nullement proportionnée aux fraix de leur construction. Tel est le sentiment de M. le Maréchal qu'il démontre par des preuves tirées de l'expérience. Persuadé, d'un autre côté, qu'une science qui a beaucoup de part aux événemens de la guerre, & qui décide souvent du sort des Etats, est trop importante pour ne pas mériter son attention ; il a cherché les moyens de corriger ces défauts, & ayant trouvé là-dessus

ſus ſes idées conformes à celles du reſpectable Auteur dont il donne le Syſtême, il n'a pas fait difficulté de l'adopter en l'enrichiſſant de pluſieurs inventions nouvelles.

POUR remédier au premier inconvénient & empêcher l'Ennemi de ruiner les défenſes des Ouvrages, M. le Maréchal a cru devoir changer les maximes de Fortification les plus généralement reçuës, & rejeter l'ordre établi de tout tems dans les différentes hauteurs des Profils. Au lieu que dans la maniere ordinaire de fortifier, les Ouvrages forment une eſpece d'Amphithéatre, en s'élevant les uns au-deſſus des autres à meſure qu'ils s'éloignent du Chemin-couvert, diſpoſition qui les expoſe tous à la fois au Canon de l'Ennemi: il n'exhauſſe pas plus le Corps de la Place que les Dehors, & couvre l'un & l'autre par un Ouvrage plus élevé, qui les entoure

CHAP. I. de façon qu'à l'exception du Chemin-couvert & de l'Ouvrage ſusdit, l'Aſſiegeant ne ſçauroit rien voir du reſte de la fortification.

PAR cet arrangement les différentes eſpeces de Dehors, tels que les Ravelins & les Contregardes, forment chacune, de même que le Corps de la Place, une enceinte à part, qui ne tire ſa défenſe que de ſon propre front, & n'eſt expoſée au Canon de l'Ennemi que lorſqu'il eſt maître de celle qui la couvre; cela donne moyen à l'Aſſiégé de lui oppoſer toujours, & à meſure qu'il avance, de nouveaux Ouvrages que juſques-là il n'avoit pu voir moins encore ruiner.

LE ſecond point qui regarde la ſûreté des Troupes dans les Ouvrages, eſt devenu à l'heure qu'il eſt d'une très-grande conſequence, & d'une éxécution également difficile, à cauſe de la nombreubreuſe Artillerie avec laquelle on attaque les Places, & ſur tout à cauſe du Ricochet, dont on ſe ſert à battre l'intérieur des Ouvrages en flanc & de revers. Pour s'en garantir M. le Maréchal n'a pas trouvé de moyen plus efficace que celui des Traverſes; il en remplit non ſeulement le Chemin-couvert, où l'on avoit déja coûtume d'en placer quelques unes, mais encore tous les terre-pleins des Dehors, & cela de façon qu'elles en occupent preſque le tiers. Deſtinées uniquement à couvrir les Troupes, elles n'ont ni parapet ni banquette, comme dans la Fortification moderne, où elles ſervent en même tems à défendre l'entrée du Chemin-couvert, ce qui n'a pas lieu ici, à cauſe que ſon ordonnance eſt différente de celle qui eſt en uſage.

ON ne ſçauroit diſconvenir que par cette diſpoſition l'effet du Ricochet ne ſe trouve beaucoup diminué: car non ſeu-

CHAP. I. lement il n'y aura que les deux tiers des coups qui plongeront, mais encore, en ce cas, les boulets seront d'abord arrêtés dans leur course, & ne pourront faire du mal que dans une distance de quatre ou cinq toises au plus.

LA faculté de communiquer librement aux différens Ouvrages d'une Place est une qualité très-essentielle pour leur défense. Cette maxime n'a jamais été révoquée en doute, mais jusqu'ici on ne s'est guére mis en peine de la pratiquer, & la communication des Dehors dans les Places à fossé d'eau, rencontre de si grandes difficultés, aussi-tôt que l'ennemi à établi ses batteries sur le glacis du Chemin-couvert, qu'on n'est pas en état d'y soûtenir un assaut, & qu'on doit les abandonner dès que le passage du fossé est achevé. Ce défaut ne pouvoit pas échapper à l'attention de M. le Maréchal, aussi en a-t-il senti toute te la conſequence, & pour le corriger, il a pris une route entiérement oppoſée à celle que les Ingénieurs ont tenuë juſqu'ici. Ils s'étoient imaginés qu'on ne ſçauroit rien oppoſer de meilleur aux efforts des aſſaillans que les foſſés d'eau, & il n'y en a pas un qui n'en ait entouré les Dehors ainſi que le Corps de la Place, lorſque la ſituation lui a permis de le faire M. le Comte de Saxe n'en a pas penſé de même; il en a jugé en Officier qui connoît l'importance d'un poſte qu'on peut défendre par un bon corps de Troupes ſoutenir par d'autres en cas de beſoin, & rattaquer même après qu'on a été forcé de l'abandonner, tandis que l'Ennemi ne peut s'y rendre que par une ſeule ouverture, & par un chemin auſſi embarraſſant que celui du paſſage du foſſé. CHAP. I.

LE foſſé ſec que M. le Maréchal ordonne entre le Corps de la Place & les

CHAP. I. Dehors procure tous ces avantages; il établit une communication ſûre & aiſée; il ſert de place d'armes à un grand nombre de Troupes, à qui le talut intérieur du terre-plein des Dehors, formé en rampe, fournit le moyen d'aller au ſecours de ceux qui défendent la bréche; il les met en état de diſputer à l'Ennemi le terrein pied à pied, & de lui oppoſer des obſtacles d'autant plus difficiles à vaincre que l'Aſſiégé lui ſera toujours ſupérieur en nombre, & n'aura rien à craindre de ſes batteries.

APRES avoir expoſé les motifs qui ont engagé M. le Maréchal d'introduire de nouvelles maximes dans l'Art de fortifier, & de changer l'ancienne ordonnance des Ouvrages, il faut voir de quelle maniere il les a diſpoſés pour obtenir le but qu'il ſe propoſe.

JUSQU'ICI les Ingénieurs ont toujours apporté une attention particuliere à à la conſtruction du Corps de la Place. Non ſeulement ils ſe ſont appliqués à en bien proportionner les lignes, & à donner la plus grande étenduë poſſible à celles qui doivent défendre les autres: mais ils ont encore employé tous les moyens imaginables pour les ſouſtraire à la vuë de l'Ennemi, & pour prévenir leur dégradation. C'eſt ce qui a produit cette quantité de Syſtêmes dont le nombre eſt auſſi grand que celui des maîtres en cet Art. Leurs idées ſur la maniere de couvrir le Corps de la Place & d'en éloigner l'Ennemi, ſont plus uniformes, & ſe réduiſent preſque toutes à la Demi-lune & au Chemin-couvert. CHAP. I.

M. LE COMTE de Saxe ſuit des maximes oppoſées. La plus grande force de ſa méthode conſiſte dans les Dehors, & comme le Corps de la Place n'eſt point expoſé au feu de l'Ennemi, avant qu'il ne ſoit maître de tous les

CHAP. I. Ouvrages avancés, il n'a pas cru avoir besoin de s'arrêter si scrupuleusement aux préceptes de l'Art, & d'observer toutes les précautions qu'ils prescrivent. Dans l'Octogone qu'il propose pour éxemple de son Systême, le Polygone extérieur A B n'a que 70 toises; les Bastions sont petits; les flancs d'une grandeur médiocre, sans brisure ni orillon, n'ayant que 8 à 9 toises, les faces n'en ont que 17 à 18, & les gorges 14 à 15 toises au plus. L'élévation du Corps de la Place est de 24 à 25 pieds au dessus de l'Horizon : mais ce qui est à remarquer c'est que derriere son terre plein, qui est de 7 toises de large, M. le Maréchal ordonne un Cavalier parallele à la Courtine, qui a un parapet avec un terre-plein de 5 toises, & entoure tout l'intérieur du Corps de la Place. Sa hauteur est de plus de 60 pieds, & c'est là dessous que sont construits les Soûterreins

reins pour loger la garnifon & la mettre en même tems à couvert du feu de l'Ennemi. CHAP. I.

LE foffé fec qui fépare le Corps de la Place & les Dehors eft creufé jufqu'au niveau de l'eau ou environ, & n'a que 3 à 4 toifes de largeur devant l'angle flanqué du Baftion; il s'élargit à mefure qu'il avance vers la courtine, où il forme une place d'armes d'une étenduë à y pouvoir mettre un grand corps de Troupes en bataille pour défendre la bréche & s'oppofer au logement de l'Ennemi dans les Dehors.

COMME l'effentiel de ce Syftême eft d'ôter à l'Affiégeant la vuë des Ouvrages en forte qu'il ne puiffe les découvrir que fucceffivement, & à mefure qu'il avance avec l'attaque, on comprend aifément que les Dehors ne doivent pas confifter, comme à l'ordinaire en pieces détachées qui ne répondroient

pas

CHAP. I. pas au but, mais qu'ils doivent former autant d'enveloppes pour couvrir entiérement tout ce qui est derriere.

Pl. 1. SUR ce principe M. le Maréchal construit devant chaque Polygone un Ouvrage F, qu'il appelle Ravelin, & qui ne différe de celui qu'on a coûtume d'y placer qu'en ce que ses faces sont prolongées jusqu'à 4 ou 5 toises de l'angle flanqué du Bastion, où elles se joignent à celles des Ravelins collateraux, de sorte qu'ils forment ensemble une enceinte continué qui ne laisse rien appercevoir du Corps de la Place.

Pl. 2. no. 1. CES Ravelins sont élevés de 24 pieds ou environ au dessus du niveau de la campagne; & ont un terreplein de 7 à 8 toises de large, garni de traverses à 4 toises de distance l'une de l'autre. Leur talut intérieur est construit en rampe pour la raison allegué ci-dessus.

LE fossé capital qui entoure ces Ouvravrages est tracé d'une maniere différente de l'ordinaire. M. le Maréchal ayant remarqué que les fossés paralleles aux faces; comme on a coûtume de les faire, sont sujets à un grand défaut qui est, que l'Ennemi logé sur l'angle saillant du fossé y trouve beaucoup de place pour la construction de ses batteries: il ne donne au sien que 4 à 5 toises de largeur devant l'angle flanqué des Ravelins, qui augmente de maniere que devant l'angle rentrant il a jusqu'à 15 ou 16 toises. Par ce changement l'Assiégeant ne trouve que très-peu de terrein sur l'angle saillant, & y est tellement exposé au feu de la Place qu'il rencontrera de très-grandes difficultés à s'y établir. CHAP. I.

Au delà de ce fossé est une seconde enceinte G, à laquelle M. le Maréchal donne le nom de Contregarde; elle est étroite comme cet Ouvrage n'ayant qu'un

CHAP. I. qu'un terre-plein de 3 à 4 toiſes, & enveloppe le Corps de la Place & les Ravelins: & comme elle eſt en même tems élevée de plus de 30 pieds au deſſus de l'horizon, tandis que les autres Ouvrages ne le ſont que de 24 à 25 pieds, elle les couvre ſi bien qu'on ne ſçauroit les appercevoir du côté de la campagne. Les coupures H ſervent à communiquer au Chemin-couvert & aux Lunettes. Le terre-plein de cet Ouvrage eſt pareillement garni de Traverſes à la diſtance de 4 toiſes l'une de l'autre.

Pl. 2. no. 2.

SOUS le rempart des angles flanqués de cet Ouvrage il y a des Caſemattes ouvertes du côté du foſſé des Ravelins. Elle ſervent de retraite à des batterie à radeaux, de l'invention de M. le Maréchal, (†) avec lesquelles il dé-

Pl. 3. no. 3.

(†) Voy. Pl. XXII. des Mémoires.

défend non ſeulement ce foſſé, mais auſſi celui de la Contregarde & des Lunettes, en les y faiſant entrer par les coupures dont il eſt parlé ci-deſſus. Chap. I.

LA conſtruction de la Contregarde eſt d'une invention tout-à fait nouvelle, ou pour mieux dire, une imitation de l'ancienne façon de bâtir des Gaulois, décrite par Jules Ceſar dans ſes Commentaires. Ce ſont des travées, dont les poutres eſpacées de 4 à 5 pieds traverſent toute la largeur de l'Ouvrage; Pl. 2 no. 2 & 3. après qu'elles ont été recouvertes de terre à une certaine hauteur, on poſe une ſeconde travée qu'on couvre pareillement de terre, & ainſi de ſuite juſqu'au haut de l'Ouvrage. La maniere de M. le Maréchal differe de l'ancienne en ce qu'il conſtruit le côté extérieur en talut & de gazon ſeulement, au lieu que les Gaulois l'élevoient à plomb, & rempliſſoient les interſtices entre les têtes des

CHAP. I. des poutres avec des grosses pierres.

LE fossé qui sépare cette enceinte du Chemin-couvert est construit comme celui des Ravelins, & n'a que 4 toises de largeur devant les angles saillans.

LES Lunettes I servent à couvrir l'angle rentrant de la Contregarde, & à défendre son fossé devant l'angle saillant. Le tiers de leurs faces est ritiré en dedans & tient lieu de flanc. La hauteur de ces Ouvrages n'est pas déterminée; mais il paroit qu'ils ne sçauroient guere être plus élevés que le Chemin-couvert. Ils ne sont séparés de la Contregarde que par un fossé de 3 toises seulement.

LE Chemin-couvert K a 5 toises de largeur. Il n'a ni retranchement ni place d'armes dans les angles rentrans, mais il est rempli de Traverses, dont il y en a cinq sur chaque branche à 4 toises l'une de l'autre. Son parapet est for-

mé

mé en glacis qui ſe perd dans la campagne, comme à l'ordinaire.

VOILA en quoi conſiſte ce nouveau Syſtême, entiérement différent de tout ce qui a été imaginé juſqu'ici en fait de fortification. Il s'agit à préſent de ſçavoir ſi la méthode qu'on propoſe met l'Aſſiégé en état de faire un plus grande réſiſtance, ſans l'expoſer à de nouveaux embarras, qui, quoique de différente nature, pourroient bien n'être pas moins facheux que ceux qu'on a tâché d'éviter.

CHAPITRE II.

DE L'ATTAQUE ET DE LA DEFENSE DU CHEMIN COUVERT DES LUNETTES ET DE LA CONTREGARDE.

AYANT vu les nouvelles maximes que M. le Maréchal établit dans l'Art de fortifier, & l'application qu'il en fait dans la construction des Ouvrages; il faut maintenant éxaminer les effets qui en résultent, & les avantages que la défense en peut retirer.

COM-

COMME, d'un côté, l'Assiégeant ne sçauroit d'abord rien découvrir des Ouvrages de la Place que le Chemin-couvert & la premiere enceinte, formée par la Contregarde; l'Assiégé ne peut, de l'autre, lui disputer les approches & la construction de ses batteries qu'avec le Canon placé dans le Chemin-couvert. CHAP. II.

JUSQU'ICI on n'a connu que deux façons de s'en servir dans cet Ouvrage; l'une de faire des élevations de terre dans les angles saillans pour tirer à barbette; l'autre de reculer le Canon vers le fossé de façon qu'étant posé sur la semelle le coup passe par dessus la palissade: Celle-ci est fort incertaine & de peu d'effet, parce qu'on ne voit pas l'objet & qu'on tire à toute volée; celle-là est fort dangereuse, parce que le Canon, ainsi que ceux qui le servent, sont exposés à la vue

Chap. II. de l'Ennemi, de ſorte qu'on ne peut s'en ſervir que de nuit.

De ces deux manieres M. le Comte de Saxe en a composé une troiſiéme, qui réünit les avantages & corrige les inconvéniens de l'une & de l'autre. Au lieu de ces élevations de terre il conſtruit des échafauds, aſſez ſolides pour ſoûtenir le poids du Canon, & pour rêſiſter à l'effort du contre-coup. Ils ſont élevés d'environ 6 pieds au deſſus du Chemin-couvert, & à deux pieds & demi du ſommet du parapet, leur longueur eſt de 24. pieds, dont la platte-forme prend 10 pieds, le reſte eſt en pente qui ſe termine à 7 ou 8 pieds du bord du foſſé. Le Canon dont on ſe ſert ſur ces batteries eſt monté ſur des affuts marins; lorſqu'on y met le feu, le recul lui fait parcourir non ſeulement la largeur de la platte-forme, mais encore la pen-

Pl. 2. no. 2.

pente, & le fait descendre jusque sur le Chemin-couvert, où on le charge à l'abri du feu de l'Ennemi; on le remonte ensuite au moyen d'une machine, qui n'est cependant pas assez bien exprimée dans le Plan pour pouvoir s'en former un idée juste. (*)

CHAP. II.

AVEC ces batteries M. le Maréchal se propose de ruiner celles des Assiégeans pendant le jour, & de tirer à cartouches sur le front de la tranchée pendant la nuit. Comme cette idée est tout-à-fait nouvelle, elle mérite d'être éxaminée. Pendant que le Canon est au haut de la platte-forme il est exposé à la vuë de l'Ennemi, aussi bien que le Canonnier qui doit y mettre le feu, & il sera par cette raison très-dangereux de se donner le tems nécessaire pour le bien pointer dès que la tranchée est avan-

(*) Voy. Pl. XXIII. des Mémoires.

CHAP. II. vancée à la portée du mousquet. D'un autre côté, ces pieces ne peuvent guére être que de six livres de bale; car sans parler des efforts que les échafauds & les cordages auroient à soûtenir pour arrêter le Canon au bas de la pente, & à quoi ils pourroient difficilement résister à la longue: deux ou trois hommes, que M. le Maréchal emploie seulement pour le service de chaque piece, ne sçauroient la tirer sur la platte-forme, si elle étoit d'un plus gros calibre, à moins que la machine, dont on vient de faire mention, ne fut fort composée, ce qui dimirueroit, d'un autre côté, la vivacité du feu, & exposeroit d'autant plus le Canon qu'il monteroit avec plus de lenteur. Il ne sera donc pas possible de tirer avec la justesse réquise, & il le sera encore moins de ruiner les batteries de l'Ennemi avec des pieces d'un pareil calibre. La prémiere de ces difficultés se renconcontre aussi dans l'emploi des Amusettes, espece de Coulevrine d'une demi-livre de bale, de l'invention de M. le Maréchal (*) dont il se sert à la place de la Mousqueterie, & qu'il entremêle avec le gros Canon; on ne sçauroit donc non plus se flater de pouvoir avec ces pieces tirer continuellement dans les embrasures des batteries de l'Ennemi, & l'empêcher par-là de se servir de son Canon, comme il est dit pag 146 des Mémoires, parce que cela demande autant de loisir que d'habileté

CHAP. II.

SI ces remarques sont fondées il est certain que l'Assiégé ne pourra pas beaucoup disputer les approches & la construction des batteries de l'Assiégeant par le Canon du Chemin-couvert. C'est cependant l'unique endroit où il puisse en mettre; car le terre-plein de la Contre-

(*) Voy. Pl. V. des Mémoires.

CHAP. II. tregarde n'y eſt pas propre, à cauſe de ſon peu de largeur, & ſa grande élevation y forme un ſecond obſtacle, parce qu'on n'y ſçauroit tranſporter le Canon que par le moyen de quelque machine, ce qui ne manqueroit pas de rencontrer bien des difficultés dans l'éxécution. Il eſt encore à remarquer que quand même l'effet de ces batteries ſeroit tel que le veut M. le Maréchal, l'Aſſiégeant n'en pourra plus être incommodé auſſi-tôt qu'il eſt arrivé au pied du placis des angles ſaillans ; les branches du Chemin-couvert ſe regardent trop obliquement, & le Canon auſſi bien que les Amuſettes ne ſçauroient tirer que droit devant eux, à moins qu'on ne changeât leur direction au haut de la plate-forme, ce qui par les raiſons ci-deſſus alleguées ſera très-difficile. Il ne reſte donc aux Aſſiégés d'autre moyen pour s'oppoſer à l'Ennemi que les ſorties.

CET-

CETTE ressource, que les Ingénieurs leur ont toujours menagée avec soin, paroît être entiérement négligée par M. le Maréchal. Il n'y a point de places d'armes dans les angles rentrans où l'on puisse assembler des Troupes pour des expéditions de cette nature; de plus, les Traverses ainsi que les batteries, construites dans le Chemin-couvert, empêchent la communication entre ses différentes branches, & quand même, malgré tous ces obstacles, on viendroit à bout de faire des sorties, les Troupes trouveroient beaucoup de difficultés dans la retraite, à cause qu'elles ne peuvent être protegées que par la mousqueterie de la contregarde, trop élevée, & en quelques endroits encore trop éloignée pour le faire avec succès. CHAP. II.

LES approches étant poussées jusqu'au pied du glacis, il sera libre à

CHAP. II.

l'Aſſiégeant d'attaquer le Chemin-couvert par la ſape ou bien de vive force, à quoi la nouvelle ordonnance donne encore de grandes facilités; car après qu'il aura raſé à coups de Canon la crête du glacis & rompu les paliſſades, rien ne l'empêchera d'avancer juſques ſur les platte-formes, & de culbuter dans le foſſé tout ce qui ſe trouve entre les Traverſes, & qui ne conſiſte qu'en ce peu de monde qui ſert le Canon, puiſqu'il n'y a pas aſſez de terrein pour y poſter d'autres Troupes, outre que les Traverſes, continuées juſque ſur le bord du foſſé, coupent la communication, & leur ôtent tout moyen de ſe ſoûtenir les unes les autres. Cela eſt cauſe encore que les ſurpriſes n'y ſont pas moins à craindre que les coups de main, ſi bien que d'une ou d'autre façon l'Ennemi pourroit quelquefois s'en rendre maître ſans autre formalité.

EN

EN cas que l'attaque par la ſape fût préférée l'Aſſiégeant emploiera les Cavaliers de tranchée A pour ſe loger ſur les angles ſaillans B. Il continuera enſuite ſon logement le long de la paliſſade & chaſſera l'Aſſiégé du Chemin-couvert ſans beaucoup de peine, à cauſe qu'il n'y a point de retranchement dans les angles rentrans, & qu'il n'oſera plus ſe montrer ſur ſes batteries. Le logement étant achevé il percera le parapet, & entrera dans le Chemin-couvert par tout où il voudra, à quoi les Traverſes lui ſeront d'un très-grand ſecours, puiſqu'elles le mettront non ſeulement à l'abri du feu de la Contregarde & des Lunettes, mais qu'elles empêcheront encore l'Aſſiégé d'aller à lui & d'interrompre ſon travail par des ſorties, de façon qu'il lui ſera impoſſible de l'en chaſſer dès qu'il y aura pris poſte. CHAP. II.

MAÎTRE du Chemin-couvert l'Aſſiégeant

CHAP. II. ſiégeant conſtruira les batteries C pour ouvrir les faces des Lunettes D, dont il doit s'emparer avant que d'attaquer la Contregarde, à cauſe que leurs flancs en défendent le foſſé devant les angles ſaillans.

COMME l'angle rentrant de la tenaille, que la Contregarde forme devant chaque Polygone, eſt trop ouvert pour que les deux branches puiſſent ſe flanquer réciproquement, & que d'ailleurs cet Ouvrage n'eſt pas propre au Canon, M. le Maréchal ſe ſert pour cela des batteries à radeaux dont il eſt parlé ci-deſſus, & dont il ſe promet de grands avantages pour la défenſe. Les voici tels qu'il les décrit pag. 44 des Mémoires: „ſuppoſé que l'Ennemi m'attaque, „ il emportera mon chemin-couvert à „ l'ordinaire, ruinera les défenſes de mes „ Lunettes; tant que j'aurai mes Caſe„ mattes libres dans les angles rentrans „ de

„ de mes Contregardes, comment paſ- CHAP. II.
„ ſera-t-il le foſſé pour aller à ma Con-
„ tregarde & à mes Lunettes? L'on me
„ dira qu'il les ruinera; cela n'eſt pas ſi
„ aiſé pour ne pas dire impoſſible, car
„ il ne peut mettre que deux à trois
„ pieces de Canon ſur l'angle ſaillant
„ de la Contreſcarpe, & en appro-
„ chant mes radeaux de mes Caſe-
„ mattes, je tire continuellement avec
„ cent pieces de Canon qui le prendront
„ du bas en haut, & pourvu qu'il
„ me reſte un pied de jour, je verrai
„ toujours avec cent pieces de Canon
„ dans le fond du foſſé des angles
„ ſaillans de ma Contregarde & de
„ mes Lunettes; oſera t-il faire ſa ga-
„ lerie expoſé nuit & jour à un ſi
„ terrible feu, qu'il ne ſçauroit voir
„ ni démonter?

POUR ſçavoir maintenant ſi cette nouvelle invention répondra à l'idée que

CHAP. II. que M. le Maréchal vient d'en donner, on se souviendra d'abord que les Casemattes pour les batteries à radeaux sont construites sous le terre-plein des angles saillans de la Contregarde, & qu'elles ont leur sortie dans le fossé des Ravelins, de façon que les radeaux doivent entrer dans le fossé de la Contregarde par les coupures E, & se ranger ensuite de maniere qu'ils puissent flanquer les angles saillans de cet Ouvrage & des Lunettes. Par là il est aisé de voir, qu'on ne sçauroit jamais y employer cent pieces de Canon, dont chacune est montée sur un radeau d'environ deux toises en quarré; à moins qu'on n'en couvrit entiérement le fossé; mais en ce cas il sera impossible de voir avec elles dans le fond du fossé des angles saillans de la Contregarde & des Lunettes, comme on prétend de le faire. Tout bien compté il il n'y a pas moyen de placer plus de seize de ces radeaux sur chaque Polygone, qui, au sortir des coupures E, doivent se ranger à peu près de la maniere qu'il est marqué en F, pour flanquer les angles saillans de ces Ouvrages, & défendre le passage des fossés. Voilà à quoi se réduit, autant qu'on en peut juger, cette terrible batterie de cent bouches à feu. CHAP. II. Pl. 3.

IL sera nécessaire d'examiner encore si l'Assiégeant ne pourra pas rendre l'usage de ces radeaux tout-à-fait inutile. Les coupures E, par où ils doivent passer dans le fossé extérieur, n'ont que 5 toises de largeur; la hauteur de la Contregarde est d'environ 40 pieds, à compter de la surface de l'eau; en élevant des batteries dans les angles rentrans du glacis, il sera aisé de battre la Contregarde, de côté & d'autre de la coupure, & les éboulis, vu la hauteur

CHAP. II. teur de l'Ouvrage, embarrasseront tellement ce passage étroit qu'aucun radeau ne pourra plus sortir ; & supposé même qu'ils trouvassent encore moyen de le faire, un détachement d'Infanterie, placé dans le logement de l'angle rentrant G, les recevra à coups de mousquets au sortir de la coupure, & les empêchera bien de se ranger vis-à-vis les angles saillans, puisque cela demande beaucoup de tems, & doit se faire sous un feu très-vif & à bout touchant. Pour prévenir encore que les radeaux des autres Polygones ne puissent se rendre sur le front d'attaque, l'Assiégeant n'a qu'à établir des postes pareils dans les angles saillans, où le logement se trouve tout formé par les Traverses.

PAR ce detail on jugera facilement que le passage du fossé des Lunettes ne sçauroit être beaucoup disputé ; & comme il n'a que 7 à 8 toises de largeur

geur dans l'endroit où se construira le pont, l'Assiégeant l'achevera en peu de tems, & il ne restera à l'Assiégé d'autre ressource que d'abondonner ces Ouvrages, s'il ne veut pas s'exposer à être taillé en pieces, d'autant que la retraite ne peut se faire que par les coupures susdites, & par consequent d'une maniere fort dangereuse.

DANS ces Lunettes l'Assiégeant construira les batteries H, à quoi l'Assiégé ne pourra s'opposer que par la Mousqueterie de la Contregarde, trop élevée encore pour le faire avec quelque succès. Ces batteries étant achevées, l'angle rentrant de la Contregarde sera ouvert en très-peu de tems, le fossé qui en cet endroit n'a que 4 toises de largeur sera comblé par les éboulis, & le passage formé sans que l'Assiégeant ait besoin d'y employer une seule fascine, pour ainsi dire.

CHAP. III.

PENDANT ce tems l'angle ſaillant de la Contregarde aura été battu par les batteries I, & comme l'Aſſiégé ſe trouve encore ici dans la même impoſſibilité de défendre le paſſage, déjà à moitié formé par les éboulis, à cauſe du peu de largeur du foſſé, il ſera bientôt perfectionné, & le logement établi au pied de la bréche, ſans que ceux de la Place puiſſent s'y oppoſer en aucune façon.

LES choſes étant venuës à ce point il n'y a pas de doute que l'Aſſiégé ne ſoit forcé d'abandonner la Contregarde, puiſqu'il lui eſt impoſſible de s'y maintenir en cas d'attaque, vu le peu de largeur de cet Ouvrage, embarraſſé encore par les Traverſes, & que, d'un autre côté, ſon élevation rend la retraite extrêmement difficile, à cauſe qu'elle ne peut ſe faire que par des eſcaliers, pratiqués dans le terre-plein, qui

qui pourroient être facilement ruinés par les mines, & ôteroient par conſequent à l'Aſſiégé tout moyen de ſe retirer pour peu qu'il tardât de le faire. Chap. II.

Voila tout ce que l'Aſſiégeant doit mettre en œuvre pour ſe rendre maître du Chemin-couvert, des Lunettes & de la Contregarde. Dans le chapitre ſuivant on traitera des opérations ultérieures du ſiége juſqu'à la priſe de la Place.

CHAPITRE III.

DE L'ATTAQUE ET DE LA DEFENSE DES RAVELINS ET DU CORPS DE LA PLACE.

AVANT que de parler du logement & des batteries de l'Assiégeant sur le Contregarde, il faut éxaminer quelle méthode on doit suivre dans la construction de cet Ouvrage. On a vu ce que propose là-dessus M. le Maréchal: mais comme le projet qu'il donne n'est formé que pour être éxécuté à la hâte, &

& dans un pays rempli de bois, tel que la Pologne, il est à croire que dans toute autre occasion où il s'agit de construire des Places, non pour conquerir un pays, mais pour le conserver & le défendre, il auroit employé des materiaux plus solides & plus durables que le bois, lequel, participant à toutes les variations du tems, soit qu'il se trouve exposé à l'air ou couvert de terre, ne sçauroit être de durée, sur tout pour ce qui regarde les Casemattes, puisqu'il est impossible que de simples poteaux, plantés dans le fossé sans autre précaution, puissent soûtenir long-tems une aussi grande quantité de terre que celle dont ils se trouvent chargés, sans parler de l'humidité qui les détruira en peu d'années. CHAP. III.

COMME il paroît, par ce qui vient d'être exposé, qu'on ne sçauroit se passer de maçonnerie dans cette construc-

CHAP. II. tion, il reste à sçavoir si la méthode donné dans la note de la page 149 des Mémoires est préférable à la maniere ordinaire de terrasser & de revêtir les Ouvrages. La voici: „De tels Forts „ ne sont praticables que dans les en„ droits où le bois est commun; mais „ on pourroit en construire sans bois „ sur le même Systême, en observant „ toujours cependant que la Contre„ garde soit faite de maniere que l'En„ nemi ne puisse s'y loger. Une bon„ ne muraille de briques, derriere la„ quelle on éleveroit des échafauds, „ paroît suffisante pour une Contre„ garde.

VOILA encore une nouvelle idée de construire cet Ouvrage. Pour en juger avec connoissance de cause, il faudroit avoir un dessein détaillé de ces échafauds, qu'on doit apparement garder dans des magazins, & ne dresser que lors-

lorsqu'on est ménacé d'un Siége, sans quoi il seroit difficile de les conserver long-tems, & leur entretien deviendroit par consequent fort dispendieux; il faudroit sçavoir encore comment les garantir des feux d'artifices dont l'Assiégeant ne manqueroit pas de se servir pour les ruiner. CHAP. III.

MAIS supposé que tout cela ne rencontrât aucune difficulté, il y a une autre réflexion à faire sur cette construction. Le parapet pour couvrir les Troupes, employées sur cet Ouvrage, n'est formé que par la muraille susdite, élevée de plus de 15 pieds au dessus de la crête du glacis sans être terrassée. On sçait, d'un côté, combien un parapet de cette nature est fatal à ceux qu'il devroit garantir du feu de l'Ennemi, & de l'autre, on comprendra sans peine combien il sera facile à l'Assiégeant de le ruiner avec ses batteries, établies dans

CHAP. III. la campagne, de ſorte qu'on ne ſçauroit s'en promettre le moindre ſervice pour la défenſe du Chemin-couvert. L'Aſſiégeant s'étant enſuite établi ſur le glacis, renverſera la muraille dans le foſſé, & comme le terrein de le Contregarde eſt de niveau avec l'horizon, il y ſera entiérement à couvert du Canon des Ravelins, trop élevés pour que de leur terre-plein on puiſſe découvrir ce qui s'y paſſe, & rien ne l'empêchera d'y établir ſes batteries, & de ruiner ces Ouvrages qu'il peut voir juſqu'au pied, & dont il n'eſt éloigné que de quelques toiſes.

POUR éviter tous ces inconvéniens qui réſulteront indubitablement de l'une & de l'autre des conſtructions propoſées, le meilleur ſera de s'en tenir à ce qui eſt uſité, c'eſt-à-dire de revêtir la Contregarde & de la terraſſer comme à l'ordinaire.

IL

IL faut voir maintenant comment l'Aſſiégeant s'y prendra pour ſe loger au haut de la Contregarde. Etant établi au pied de la bréche comme il eſt dit à la fin du Chapitre précédent, il travaillera aux rampes pour parvenir au haut de l'Ouvrage, & conſtruira ſon logement tout le long du revêtement extérieur, déchiré par le Canon du Chemin couvert, où il ne peut être ni vu ni incommodé en aucune maniere, & cela à cauſe que la Contregarde eſt plus élevée que les Ravelins & le Corps de la Place. On jugera par-là de la facilité qu'il aura de s'y établir, car il n'aura qu'à s'enfoncer entre les traverſes à 3 ou 4 toiſes du foſſé intérieur, & le parapet de ſon logement ſe trouvera tout formé. Ce ſera ſur tout ſur les angles rentrans que cela ſe fera ſans le moindre empêchement, à cauſe que la partie des faces des Ravelins qui leur

CHAP. III. eſt oppoſée, & qui les devroit défendre, n'a qu'un ſimple parapet ſans terre-plein, de façon qu'on ne ſçauroit même y poſter de l'Infanterie. Il n'y a donc que le milieu de ce logement qui puiſſe être battu par le Canon des Ravelins; mais comme il eſt à barbette, & qu'ainſi ceux qui le ſervent ſont à découvert, quelques pelotons d'Infanterie, poſtés vis-à vis de ces batteries, les en empêcheront bien, & leur feront abſolument quitter le rempart à cauſe qu'ils le dominent par l'élevation de leur logement.

L'ASSIEGEANT ruinera enſuite par les mines les Caſemattes ſous les angles ſaillans de la Contregarde, & ôtera par-là toute retraite aux batteries à radeaux, qui aprés cela ne ſçauroient plus tenir dans le foſſé, expoſées comme elles ſont de tous côtés aux grenades & autres artifices de l'Aſſiégeant, ſans qu'il ſoit

ſoit poſſible de les en garantir & d'em- CHAP. III.
pêcher qu'elles ne ſoient brulées.

LES batteries K ſur la Contregarde étant en état, l'Aſſiégeant, battra en bréche, les angles rentrans des Ravelins L, & comme les extrémités de leurs faces, à l'endroit où elles ſe joignent, & forment le foſſé ſec devant le Baſtion, n'ont d'autre épaiſſeur que celle du parapet, elles ſeront bien-tôt abbatuës par le Canon, & laiſſeront voir à découvert l'angle flanqué & les faces du Baſtion, que l'Aſſiégeant pourra enſuite ruiner avec la même batterie, & en enfiler les flancs de maniere à les rendre entiérement inutiles à la défenſe du foſſé ſec.

LA Contregarde étant trop élevée & trop étroite pour que de ſon terre-plein on puiſſe faire la deſcente du foſſé, il faut que l'Aſſiégeant perce cet Ouvrage à fleur d'eau, & qu'il y conſtruiſe des

CHAP. III.

des galeries, afin de pouvoir déboucher dans le fossé, tant devant les angles saillans que rentrans des Ravelins M, où il veut faire le passage. Comme tous ces endroits sont absolument à couvert du feu de la Place, parce que l'Assiégé ne sçauroit les voir de front, à cause de la hauteur des Ravelins, & qu'il ne sçauroit les battre en flanc, faute de terre plein aux angles rentrans de ces Ouvrages, les fossés seront comblés & les ponts achevés sans aucun obstacle & en peu de tems. L'Assiégeant élargira ensuite à coups de Canon ou par la mine la bréche aux angles rentrans, & y construira le logement N sur l'angle saillant du fossé sec, à quoi l'Assiégé ne peut s'opposer que par le feu des flancs: mais comme ils sont si petits qu'on n'y sçauroit placer que deux ou trois pieces de Canon au plus, & qu'en outre ceux des Bastions at-

ta-

taqués sont enfilés par les batteries des angles rentrans de la Contregarde, ainsi qu'il est dit ci-dessus, il n'est pas à croire que par leur moyen il puisse empêcher l'Assiégeant de perfectionner ce logement & de s'y maintenir. CHAP. III.

POUR rendre la bréche aux angles saillans des Ravelins praticable, l'Assiégeant sera obligé d'y attacher le mineur, à cause que la hauteur & la proximité de la Contregarde empêchent le Canon posté sur son terre-plein, de plonger autant qu'il seroit nécessaire.

LES logemens étant établis au pied des Ravelins l'Assiégeant emploiera les bombes & les pierres pour inquieter les Troupes postées dans le fossé sec & destinées à soûtenir celles qui défendent la bréche, en quoi le logement de la Contregarde lui sera d'un grand secours, puisqu'il entoure le Ravelin & le domine; & comme celui devant la pointe du

Bas-

Chap. III. Baſtion, marqué N, les prend encore en flanc & que par ſon moyen l'Aſſiégeant peut entrer dans le foſſé, & les charger en même tems qu'il donne l'aſſaut aux angles ſaillans, il eſt impoſſible qu'elles puiſſent ſe ſoûtenir au pied du rempart, & en ce cas la retraite deviendra d'autant plus difficile qu'elle ne peut ſe faire que par la poterne au milieu de la courtine, entiérement à découvert & ſans aucune protection à cauſe de la hauteur du Corps de la Place.

L'Assiege' ayant été obligé d'abandonner le foſſé ſec, il ne trouvera plus moyen d'y rentrer & d'interrompre les travaux de l'Aſſiégeant, parce que le débouché par la poterne devient impraticable à la vuë de l'Ennemi, & que la communication avec les autres Polygones eſt coupée par les logemens devant les Baſtions, ſi bien que

que ce n'eſt que par le feu de la Coutume qu'il puiſſe s'oppoſer à la conſtruction du logement dans le Ravelin. On voit bien que cela ne ſuffira pas pour y mettre obſtacle, & que rien n'empêchera l'Aſſiégeant d'établir la communication de l'angle ſaillant avec les rentrans, & de conſtruire enſuite les batteries O pour ruiner les flancs & ouvrir les faces des Baſtions, déjà fort dégradées par le Canon de la Contregarde.

COMME toutes les lignes du Corps de la Place ſont de peu d'étenduë, & entiérement expoſées à la vuë de l'Ennemi, logé dans le Ravelin, elles ſeront bien-tôt miſes hors de défenſe, d'autant que les Baſtions ſont ſi étranglés que les bombes démonteront en peu de tems le Canon, & chaſſeront les Troupes qui voudroient défendre la bréche, ſi bien que la garniſon, attaquée

CHAP. III. quée dans ſon dernier réfuge, ſera obligée de capituler; car le Cavalier, quoiqu'il entoure toute la Place, ne ſçauroit tenir lieu de retranchement, & n'eſt élevé à une hauteur ſi exceſſive que pour procurer à l'Aſſiégé la faculté de voir dans la campagne, & de découvrir ce qui ſe paſſe dans les logemens de l'Enni; choſe néceſſaire pour ſe précautionner contre ſes attaques, ce qui ſans cela lui ſeroit abſolument interdit auſſi-tôt qu'il auroit été obligé d'abandonner la Contregarde.

CHA-

CHAPITRE IV.

DE LA COMPARAISON DES AVANTAGES AVEC LES INCONVENIENS QUI RESULTENT DE CETTE ORDONNANCE.

PAR ce qu'on vient de dire de l'attaque & de la défenſe de ce nouveau Syſtême, on s'eſt ſans doute apperçu que, s'il remédie, d'un côté, aux défauts de la Fortification moderne, il n'eſt pas exempt, de l'autre, de plu-

CHAP. IV. plusieurs inconvéniens qui naissent de ces corrections mêmes, & qui les rendent souvent inutiles. Pour sçavoir maintenant de quel côté est l'avantage, on rassemblera sous un même point de vuë les différens effets qui en résultent, on comparera les uns avec les autres, & l'on hazardera ensuite quelques réflexions sur les changemens à faire dans l'ordonnance des Ouvrages pour les rendre capables d'une plus grande résistance.

TOUS les Ingénieurs ont été jusqu'ici d'accord qu'on ne sçauroit se passer de Mousqueterie dans le Chemin-couvert & cela pour deux raisons. La premiere, parce que sa construction l'expose aux attaques de vive force aussi-tôt que l'Assiégeant est parvenu au pied du glacis, & que l'Assiégé ne sçauroit s'y opposer que par des Détachemens qui doivent être à la main & dis-

disposés de façon qu'ils puissent soûtenir ceux qui défendent les angles saillans; sans cette précaution l'Ennemi pourroit facilement y prendre poste, avant que le secours, envoyé des autres Ouvrages, fût arrivé, puisque le plus souvent on n'y peut communiquer que par des ponts ou par des bateaux, ce qui demande beaucoup de tems. La seconde raison est que la retraite des sorties ne peut être assurée que par l'Infanterie du Chemin-couvert, sans quoi il seroit facile à l'Ennemi d'y entrer avec les Troupes qu'il vient de répousser, & de s'en rendre maître avant qu'on fût en état de l'arrêter. Les surprises ne seroient pas moins à craindre en ce cas, & pourroient aisement entraîner la perte de cet Ouvrage.

CHAP. IV.

SUIVANT ce raisonnement le Chemin-couvert dans la Fortification moderne n'est approprié que pour l'Infan-

CHAP. IV.

tetie: mais l'expérience ayant ensuite fait connoître, que le Canon y est d'un très-grand service pour interrompre les travaux de l'Ennemi & ruiner ses batteries, on n'a pas manqué de l'y employer avec succès, quoique d'une maniere si imparfaite qu'on ne peut s'en servir qu'à la faveur de la nuit, comme il a été dit plus haut.

M. LE COMTE de Saxe ayant, d'un autre côté, consideré l'avantage que le Canon peut produire dans le Chemin-couvert, sans faire réflexion au service que l'Infanterie seule est en état de rendre dans les cas ci-dessus mentionnés, trouve ,, que l'usage d'y mettre beau- ,, coup de Troupes, & d'y faire un ,, grand feu de Mousqueterie ne vaut ,, rien, parce qu'on les fatigue de fa- ,, çon qu'on les excéde, & que le feu ,, sur les travailleurs dans l'obscurité ,, n'est que du bruit; que des batteries ,, de

„ de Canon à barbette valent beaucoup „ mieux; que ce feu sera beaucoup plus „ meurtrier que celui de la Mousque- „ terie, parce qu'il perce gabions & „ fascines, que les boulets balaieront „ continuellement toute la largeur de „ la tranchée, & iront par bonds & „ ricochets bien loin au delà de leur „ portée, enfin que douze pieces ainsi „ disposées feront plus de mal que mil- „ le hommes à qui on aura fait passer „ la nuit dans cet Ouvrage.

CONFORMEMENT à cette idée le Chemin-couvert dans le nouveau Systême est uniquement accommodé à l'usage du Canon, sans qu'il y ait moyen d'y placer de l'Infanterie, comme on vient de remarquer au Chapitre II, où on a fait voir en même tems que par cette raison il est exposé aux surprises, sujet à être insulté, & nullement propre aux sorties, outre que, par la

CHAP. IV.

nature des batteries, l'effet du Canon ne peut être que fort incertain; à quoi il faut encore ajoûter que les échaufauds étant élevés de façon que les Traverses ne les surpassent que de deux pieds ou environ, cela n'est pas suffisant pour les garantir du Ricochet, & qu'étant ruinés par les bombes, dont l'Assiégeant ne manquera pas de se servir en cette occasion, l'Assiégé aura de la peine à les rétablir, enfermés comme ils sont de maniere qu'on n'y sçauroit venir que par le fossé, chose déja fort difficile dans une situation comme celle-ci, ou le niveau de l'eau est à douze pieds plus bas que le Chemin-couvert, & tout-à-fait impossible lorsque cette élevation est plus grande, sur tout par rapport au transport du Canon & des matériaux, à moins qu'on ne change la contrescarpe en rampe, ce qui, d'un autre côté ne sera pas sans inconvévéniens, comme on peut juger. CHAP. IV.

De toutes ces considérations il résulte naturellement que le bien de la défense éxige de construire le Chemin-couvert de façon qu'on y puisse employer sans difficulté le Canon aussi bien que la Mousqueterie, & comme il n'est pas moins prouvé par l'expérience que tout Ouvrage de fortification qui manque de l'une ou de l'autre de ces armes est imparfait, & ne sçauroit résister efficacement aux efforts de l'attaque il n'y a point de raison d'excepter le Chemin-couvert de cette regle, d'autant que, d'un côté, on ne sçauroit se promettre aucun avantage de son glacis, l'unique obstacle qui s'oppose à l'usage du Canon, qu'un simple parapet avec un fossé du côté de la campagne ne puisse procurer également, & que, de l'autre, il y en a plusieurs qu'on ne sçauroit obtenir que par cette construction, tels que la

Chap. IV.

ſûreté contre les ſurpriſes, le moyen de faire des ſorties avec plus de ſuccès, & la facilité de ſoûtenir mieux qu'à l'ordinaires de petits Ouvrages qu'on auroit avancés dans la campagne pour s'oppoſer aux approches de l'Ennemi.

COMME les Traverſes dans le Syſtême de M. le Maréchal ne changent pas de nature, mais qu'au contraire elle cauſent plus d'embarras à proportion que leur nombre eſt plus grand, il paroit qu'il vaudroit mieux les ôter entiérement, ainſi que pluſieurs Ingénieurs de réputation l'ont déjà pratiqué, & expoſer plutôt les Troupes au ricochet, que de procurer à l'Ennemi par leur moyen la facilité de ſe loger & de ſe ſoûtenir dans le Chemin-couvert. A ce ſujet il eſt encore à obſerver que dans la conſtruction à parapet, dont on vient de parler, le Ricochet eſt moins à craindre que dans celle à glacis. Comme

l'on

l'on n'y eſt point expoſé aux attaques imprévuës, & que la défenſe de la campagne ne dépend pas de la Mouſqueterie ſeule, les Troupes n'ont pas beſoin de border toujours le Chemin-couvert, mais ſe tiendront dans les retranchemens établis dans les angles rentrans, tandis que le Canon des angles ſaillans chargé à cartouches tirera ſur la Tranchée, & défendra le bord de l'Avant-foſſé. CHAP. IV.

L'IDE'E de couvrir le Corps de la Place & les Dehors de façon à ne pouvoir abſolument être vus de la campagne, eſt tout-à-fait nouvelle. Juſqu'ici on a tâché ſeulement d'ôter à l'Ennemi, par des Ouvrages avancés, la vuë de la muraille du Corps de la Place, & d'empêcher, par leur élevation, qu'il n'en puiſſe découvrir les défenſes autant qu'il faudroit pour les ruiner. Sur quoi M. le Maréchal obſerve que, bien

CHAP. IV.

que l'Aſſiégeant ne ſçauroit ruiner les défenſes, il empêchera pourtant l'Aſſiégé de s'en ſervir, à qui, d'un autre côté, l'élevation du Corps de la Place ne peut pas procurer la faculté de tirer ſur le glacis, tandis qu'il y a du monde ſur les Ouvrages avancés, & qu'ainſi il eſt inutile que le Corps de la Place voie par deſſus les Ouvrages ſur le glacis, pendant qu'il ne peut ſervir qu'à défendre ceux qui ſont directement devant lui.

DE tout ceci il conclut qu'il voudroit mieux „ que les défenſes fuſſent „ plus baſſes du côté du Corps de la „ Place, parce que, pour les ruiner, „ l'Ennemi ſeroit obligé de tranſporter „ du Canon ſur chaque Ouvrage, l'un „ après l'autre, ce qui ne ſeroit pas fort „ aiſé, ſur tout ſi les Ouvrages étoient „ conſtruits de maniere qu'il n'y eut „ point de terre aux uns & beaucoup „ aux

„ aux autres, & que l'on pût les rat-
„ taquer avant que l'Ennemi eût per-
„ fectionné ſon logement.

QUELQUE ſpécieuſe que paroiſſe cette nouvelle théorie, elle ne laiſſe pas de rencontrer bien des difficultés dans l'éxécution, comme on l'a fait voir au Chapitre précédent, & comme on le prouvera encore plus particulierement ici. Le principal avantage de cette ordonnance conſiſte en ce que le Corps de la Place & les Ravelins ne ſont expoſés à la vuë ni au Canon de l'Ennemi que ſucceſſivement, & qu'un Ouvrage ne peut être ruiné que par les batteries établies ſur celui qui ſe trouve immédiatement devant lui. L'inconvénient qui réſulte de cette diſpoſition eſt, que chaque Ouvrage ne peut être défendu que par lui-même, ſans que les autres y puiſſent contribuer en rien, ce qui eſt une grande défectuoſité, ſur tout dans

ce

CHAP. IV. ce Syſtême, & voici pourquoi? Les différentes enceintes, formées par la Contregarde & les Ravelins, & deſtinées à couvrir le Corps de la Place, ne compoſent que des Tenailles: ſorte d'Ouvrage fort imparfait en fait de fortification, parce que toutes ſes défenſes ſont vuës de front, & peuvent être ruinées par une ſeule batterie, établie au milieu de la ligne. Cette imperfection augmente encore à proportion que l'angle flanquant des Tenailles eſt plus ouvert, ſi bien que dans le projet donné, où les branches de la Contregarde forment à leur rencontre un angle de 140 degrés, il eſt impoſſible qu'elles puiſſent ſe flanquer l'une l'autre, & il ne leur reſte que la défenſe de front, qui, à cauſe de la hauteur de l'Ouvrage, ne peut pas empêcher le paſſage du foſſé, ainſi qu'il a été démontré au Chapitre précédent.

TOUT

TOUT cela semble prouver qu'il vaut mieux opposer à l'Ennemi plusieurs Ouvrages à la fois, capables de se soûtenir mutuellement, que de les lui présenter l'un après l'autre, réduits chacun à sa propre défense, sur tout, lorsqu'on a attention de couvrir le Corps de la Place dans les endroits les plus essentiels, tels que les faces, de garantir le pied du revêtement, & de diminuer la hauteur des lignes qui sont le plus exposées au feu de l'Ennemi.

CHAP. IV.

COMME dans la construction de la Contregarde on a eu encore en vuë d'ôter à l'Assiégeant le moyen de se loger sur son terre plein, il n'est pas assez large pour pouvoir y employer le Canon; cet Ouvrage ne peut donc s'opposer à l'Ennemi que foiblement lorsqu'il veut prendre poste sur le glacis, & comme il est fort élevé, il sera encore aisé d'en raser les parapets par les

CHAP. IV. les batteries établies dans la campagne, & de le rendre par conſequent entiérement inutile à la défenſe du Chemin-couvert.

A L'EGARD des Contregardes il eſt en général à obſerver qu'elles ne ſont guére plus en uſage à cauſe de pluſieurs inconvéniens qui ſe rencontrent dans leur emploi. Quelque ſoin qu'ait pris M. le Maréchal d'y remédier par les différentes conſtructions qu'il propoſe, ils n'en ſubſiſtent pas moins, & la hauteur qu'il leur donne, y en ajoûte encore de nouveaux qui rendent cet Ouvrage beaucoup plus préjudicable qu'avantageux à la défenſe, comme on croit l'avoir prouvé ci-deſſus.

LA maniere de tracer les foſſés eſt particulier à ce Syſtême, & fondée ſur ce que la coûtume de les faire à peu près paralleles aux faces fournit à l'Ennemi beaucoup de terrein pour ſes bat-

batteries ſur les angles ſaillans, & lui donne par conſequent beaucoup de facilité de ruiner les flancs oppoſés. On ne ſçauroit diſcouvenir que cet inconvénient ne ſe rencontre dans la méthode ordinaire de fortifier, principalement lorſque l'Ennemi peut établir ſes batteries ſur la crête du glacis : car il n'en ſeroit pas de même, s'il étoit obligé de les conſtruire ſur le terre-plein du Chemin-couvert, où il ne trouveroit pas à beaucoup près autant de terrein. Mais il ne paroit pas que l'avantage, que cette conſtruction procure, puiſſe contrebalancer l'inconvénient dont il eſt accompagné, particulierement dans ce Syſtême-ci, où l'Aſſiégeant n'a que faire de ces batteries ſur l'angle ſaillant pour ruiner les défenſes de la Contregarde & des Ravelins, à cauſe qu'elles ſe préſentent toutes de front, ainſi qu'on l'a dit plus haut, & où, d'un au-

CHAP. IV. autre côté, les fossés déja fort mal défendus, sont par là encore tellement rétrecis à l'endroit où se fait le passage, qu'ils n'ont pas la moitié de la largeur qu'on a coûtume de leur donner, de sorte que le remplage, ordinairement si pénible & de si longue haleine, se fera ici en peu de tems & sans la moindre difficulté.

QUOIQUE cette idée d'ôter à l'Ennemi le terrein sur l'angle saillant ne puisse être d'aucune utilité dans ce Systême, & qu'elle devienne au contraire nuisible, comme on vient de voir, on pourroit neanmoins s'en servir avec succès dans la méthode ordinaire, où les batteries sur l'angle saillant du Chemin-couvert peuvent découvrir les flancs dans toute leur étenduë: mais au lieu de diminuer la largeur du fossé, comme on l'a pratiqué ici, & qui est trop préjudiciable à la défense, il faudroit

droit ordonner des Ouvrages détachés devant l'angle flanqué des Bastions de maniere qu'ils ôtassent à l'Ennemi la vuë des flancs, sans que cela empêchât ces mêmes flancs de voir le passage du fossé d'un bout à l'autre, & de s'y opposer avec toutes leurs batteries.

LES Ravelins, dont les faces sont prolongées jusqu'à ce qu'elles se rencontrent à quelque distance vis-à-vis la pointe des Bastions, forment une Tenaille de même que la Contregarde, & quoique l'Angle flanquant en soit moins ouvert ils n'en sont pas plus en état de contribuer à leur défense réciproque, parce que dans une distance de plus de 12 toises, à droit & à gauche de cet angle, ils n'ont qu'un simple parapet sans terre-plein quelconque, apparemment pour dégager les faces du Bastion, que sans cela se trouveroient

CHAP. IV.

comme enchaſſés dans l'épaiſſeur du rempart des Ravelins; cela eſt cauſe que le foſſé devant les angles ſaillans n'eſt du tout point défendu: mais quand même on trouveroit moyen de remédier à cet inconvénient, il eſt à obſerver que ces angles rentrans ſont ſujets à un défaut encore plus grand, qui en eſt inſéparable, & qui augmente à proportion de la hauteur des Ouvrages; car ici où l'élevation des Ravelins eſt de 30 pieds au deſſus du niveau de l'eau le Canon, placé à barbette ſur leur rempart, ne ſçauroit découvrir le foſſé qu'à une diſtance de plus de 30 toiſes de l'angle ſusdit, ſi bien que l'Ennemi peut le paſſer dans toute cette étenduë ſans être vu ni apperçu, ce qui eſt contre les principes de l'Art, & donne moyen de former une troiſième attaque ſur l'angle rentrant, qui eſt d'autant plus préjudiciable à la défenſe qu'elqu'elle coupe la communication, & prend à dos ceux qui voudroient défendre la bréche, comme il eſt montré au Chapitre précédent. CHAP. IV.

PERSONNE ne ſçauroit nier que M. le Maréchal ne ſoit bien fondé en ce qu'il dit touchant la cauſe du peu de réſiſtance que peuvent faire les Dehors, il y a même de quoi s'étonner que, malgré ce défaut, on s'en ſoit toujours tenu à la maniere de les iſoler, & de leur ôter par là toute communication. Le changement propoſé ne ſçauroit manquer de remédier à cet inconvénient; mais il eſt à craindre que l'idée de former par le moyen de ces Ravelins une enceinte continuë, ne diminue beaucoup l'effet qu'on pourroit s'en promettre, parce que l'intérieur en eſt trop ſpacieux, & fournit trop de terrein à l'Ennemi pour s'y établir, à quoi il faut encore ajoûter que la po-

CHAP. IV.

terne, pour y communiquer, n'étant pas couverte par quelque Ouvrage qui puisse en même tems proteger les sorties, il est immanquable que la retraite ne se fasse en désordre, & il est impossible ensuite que les Troupes, une fois chassées, puissent y retourner; car de supposer avec M. le Maréchal, qu'en cas qu'elles fussent répoussées, elles n'auroient qu'à se rétirer au pied du Corps de la Place, où elles pourroient se soûtenir sans qu'on pût les forcer de quiter le fossé sec: cela ne paroit pas trop sûr, sur tout, lorsqu'on considére qu'elles peuvent être attaquées en tête & en flanc, ainsi qu'il est dit ci-devant.

DE ces remarques on croit pouvoir tirer la conclusion que les Ravelins répondroient mieux au but, s'ils formoient des Ouvrages détachés & construits de maniere à pouvoir bien se flanquer les uns les autres, & s'il commumuniquoient par le moyen d'un rempart moins élevé, qui leur procurât en même tems une défense basse. Il est vrai que cette disposition ne couvriroit pas entiérement le Corps de la Place : mais, outre qu'on vient de prouver que les inconvéniens d'une pareille ordonnance en surpassent les avantages, on a encore fait voir au Chapitre précédent que les Ravelins, quoiqu'ils forment une enceinte continuë, ne le couvrent pas mieux, & que l'Ennemi peut démonter les défenses des Bastions sans qu'ils puissent l'en empêcher. CHAP. IV.

CE qu'on vient de proposer touchant le changement des Ravelins réüssiroit encore mieux, si les Bastions étoient éloignés l'un de l'autre à la distance ordinaire ; cela donneroit moyen de placer ces Ouvrages tant devant les flancs que devant les courtines, où l'on construiroit en même tems une Tenaille

CHAP. IV.

pour couvrir la porte de communication. Par-là on obtiendroit l'avantage de couvrir l'angle flanqué des Bastions & d'en éloigner l'Ennemi, de défendre le fossé avec le Canon & la Mousqueterie de plusieurs endroits à la fois; celui de voir la bréche des Dehors de revers, d'assurer la retraite des sorties, & leur donner moyen de revenir à la charge aussi souvent qu'on le trouveroit à propos.

LE Polygone dans ce Systême étant au delà de la moitié plus petit qu'à l'ordinaire, toutes les lignes du Corps de la Place sont hors de proportion, & les Bastions tellement rétrecis, qu'on ne sçauroit s'en promettre grand service. Cet inconvénient est encore une suite de la maniere de couvrir le Corps de la Place; car si l'on vouloit donner au Polygone la grandeur ordinaire, les faces des Ravelins deviendroient une fois plus lon-

longues, & leur capacité quatre fois plus grande, ce qui fourniroit à l'Ennemi un terrein immense, & demanderoit un nombre de Troupes excessif pour les défendre.

LE Cavalier est d'une invention non moins nouvelle que les autres parties de cette Fortification. Sans pouvoir rien contribuer à la défense, comme on l'a montré plus haut, il n'est construit que pour y placer les soûterreins qui servent de logement à la Garnison, & la mettent en cas de Siége à couvert du feu de l'Ennemi, sans quoi il seroit impossible de résister dans un endroit qui n'a pas cent toises de diamétre, tel que l'intérieur de cette Place; mais il est à observer qu'il n'auroit pas été nécessaire de l'élever à une si grande hauteur, si l'on n'y avoit pas été obligé par la raison qu'on a alleguée à la fin du Chapitre précédent, & qui part du même principe que plusieurs au-

tres

Chap. IV. tres inconvéniens qu'on vient de remarquer dans ce Systême.

Ce n'est pas ici le lieu d'examiner si cette façon de loger la Garnison ne sera pas fort préjudiciable à la santé des Troupes qui n'auront pour toute demeure que des soûterreins, nécessairement humides & mal airiés, fussent-ils même construits de maçonnerie. On a tout sujet de le craindre, on ne sçauroit même en douter lorsqu'on fait réflexion que le Cavalier, dont la hauteur a une dixieme de toute l'étenduë intérieure de la Place, forme une espece d'entonnoir, où difficilement l'air pourra se renouveller autant qu'il faudroit pour en empêcher la corruption que trois à quatre mille hommes logés fort à l'étroit produiront immanquablement & que les exhalaisons des fossés d'eau ne manqueront pas d'augmenter encore.

Voi-

VOILA des réflexions qui ne s'accordent pas trop avec le ſentiment de M. le Maréchal. Comme la nouveauté du ſujet pourroit être cauſe que l'on n'eût pas toujours bien ſaiſi ſes idées, on s'en remet volontiers au jugement des connoiſſeurs, & l'on aura obtenu le but qu'on s'eſt propoſé, ſi ces obſervations, quelles qu'elles ſoient, peuvent donner lieu à des recherches ultérieures ſur une matiere qui intereſſe la conſervations des Etats & la ſûreté des Peuples. CHAP. IV.

FIN.

www.ingramcontent.com/pod-product-compliance
Ingram Content Group UK Ltd.
Pitfield, Milton Keynes, MK11 3LW, UK
UKHW020942180726
13838UKWH00003B/1069